Impressum
Verlag: BABADADA GmbH, Nedderfeld 112 , 22529 Hamburg
Geschäftsführer / Verlagsleitung: Harald Hof
Druck: Books on Demand GmbH, In de Tarpen 42, 22848 Norderstedt

Imprint
Publisher: BABADADA GmbH, Nedderfeld 112 , 22529 Hamburg, Germany
Managing Director / Publishing direction: Harald Hof
Print: Books on Demand GmbH, In de Tarpen 42, 22848 Norderstedt

sekoly
學校

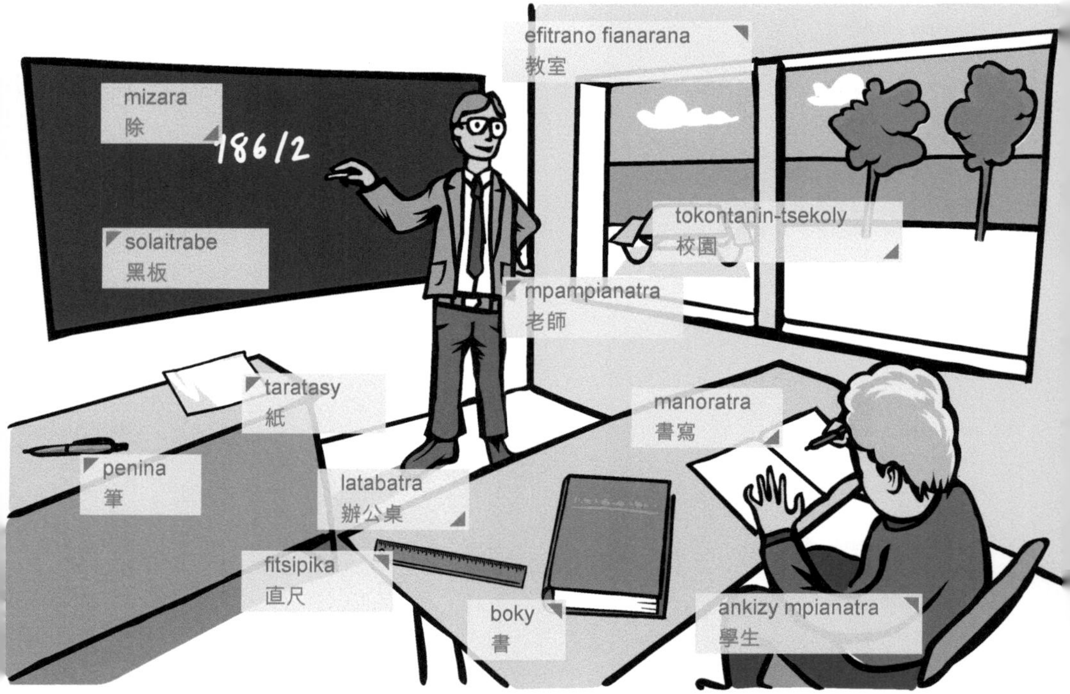

efitrano fianarana
教室
mizara
除
186/2
solaitrabe
黑板
tokontanin-tsekoly
校園
mpampianatra
老師
taratasy
紙
manoratra
書寫
penina
筆
latabatra
辦公桌
fitsipika
直尺
boky
書
ankizy mpianatra
學生

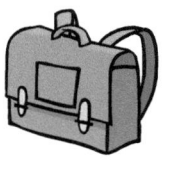

kitapo
書包

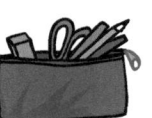

torosy
鉛筆盒

pensilihazo
鉛筆

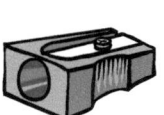

fandrangitana pensilihazo
削鉛筆機

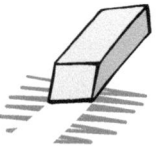

gaoma
橡皮擦

karne fanaovana sary
畫板

sary

圖畫

borosy fandokoana

畫筆

boaty loko

顏料盒

hety

剪刀

lakaoly

膠水

kahie fampiasàna

練習冊

enti-mody

家庭作業

tarehi-marika

數字

manampy

加

manala

減

mampitombo

乘

mikajy

計算

taratasy

字母

abidia

字母表

teny

字

lahatsoratra

課文

mamaky

讀

tsaoka

粉筆

lesona

上課

boky fianarana

登記

fanadinana

考試

sertifikà

證書

fanamian'ny mpianatra

校服

fiofanana

教育

raki-pahalalana

百科全書

oniversite

大學

mikraoskaopy

顯微鏡

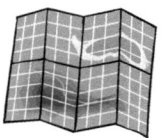

sarintany

地圖

fanariana fako taratasy

廢紙簍

fitsangatsanganana
旅行

hôtely
飯店
Grand
tranom-bahiny
青年旅社
ROOMS
toerana fanakalozana vola
外幣兌換處
valizy
手提箱
fiara
汽車

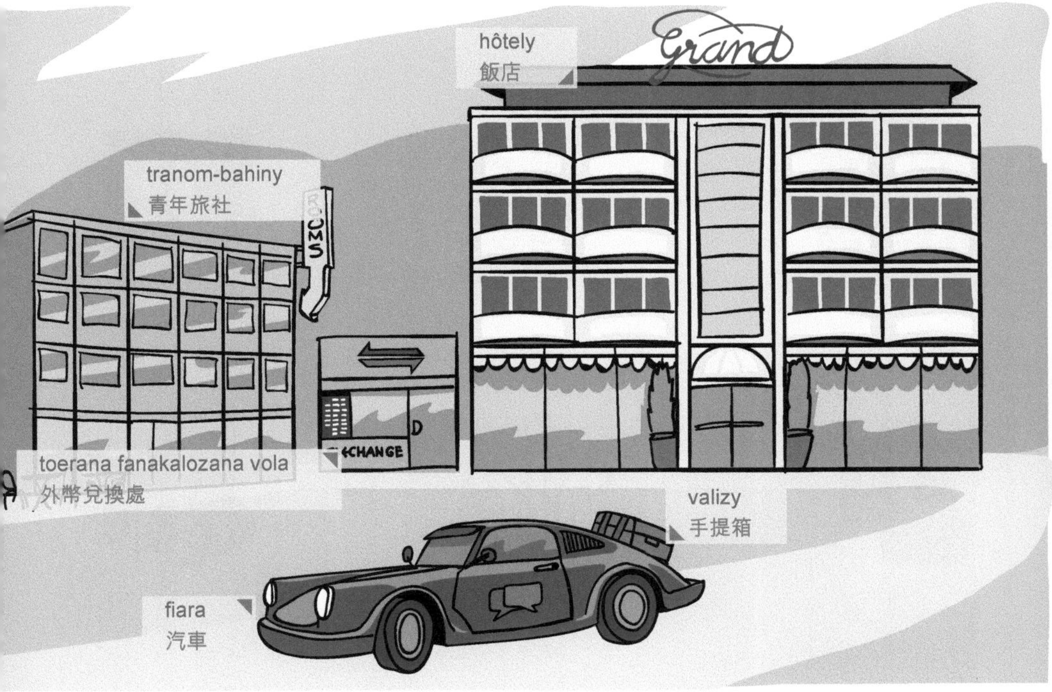

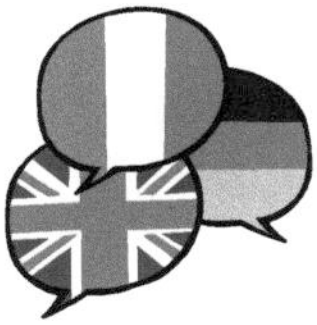

fiteny

語言

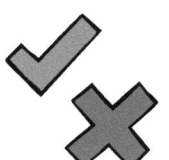

eny / tsia

是/否

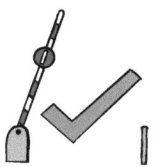

Eny àry

好的

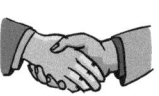

salama

您好

mpandika teny

翻譯人員

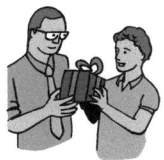

Misaotra

謝謝

ohatrinona...?

......多少錢？

Tsy azoko izany

我不明白

olana

問題

Salama ô!

晚上好！

Arahaba tra-maraina e!

早上好！

Tsara mandry ô!

晚安！

veloma

再見

fitantanana

方向

entan'ny mpandeha

行李

harona

包

kitapo

背包

vahiny

客人

efitrano

房間

fandriana enti-tànana

睡袋

tanty

帳篷

birao miandraikitra ny fizahantany

旅行資訊

moron-tsiraka

海灘

fahana amin'ny karatra

信用卡

sakafo maraina

早餐

sakafo atoandro

午餐

sakafo hariva

晚餐

tapakila

票

ascenseur

電梯

hajia

郵票

tany manasaraka

邊界

fadin-tseranana

海關

ambasady

大使館

visa

簽證

pasipaoro

護照

fitaterana

交通運送

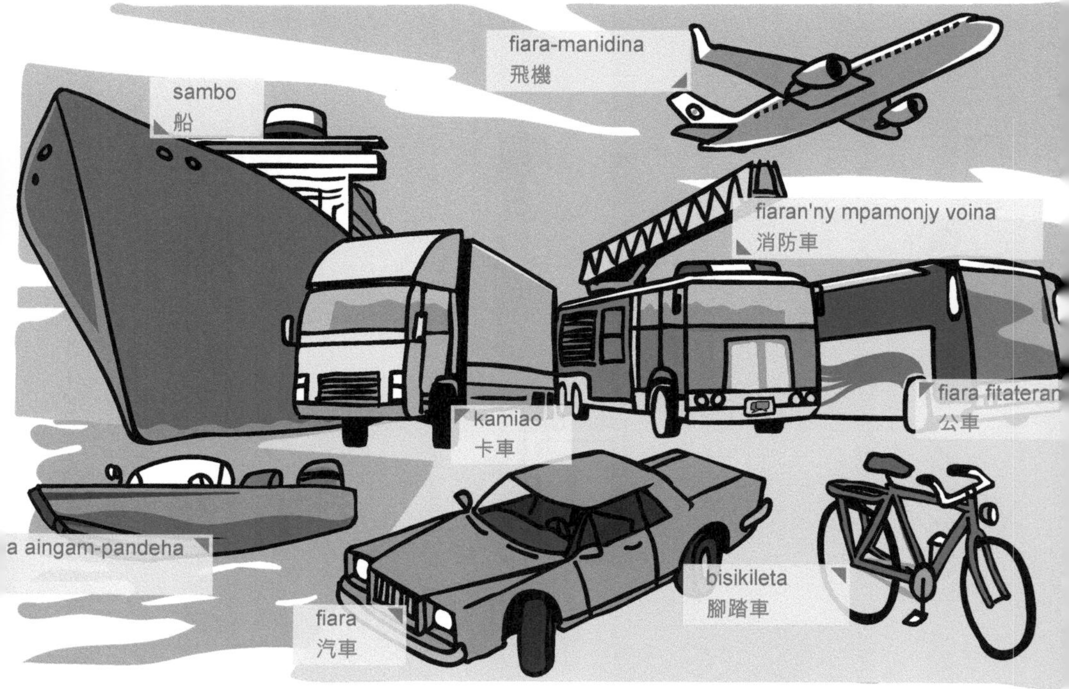

fiara-manidina
飛機
sambo
船
fiaran'ny mpamonjy voina
消防車
fiara fitateran
公車
kamiao
卡車
a aingam-pandeha
bisikileta
腳踏車
fiara
汽車

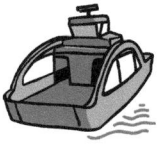

sambobe

渡輪

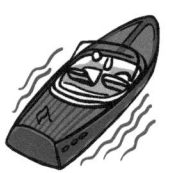

sambo

小船

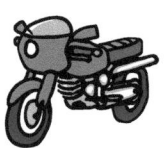

môtô

機車

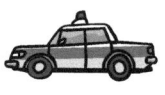

fiaran'ny polisy

警車

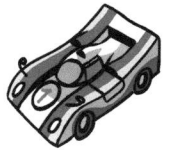

fiara mpihazakazaka

賽車

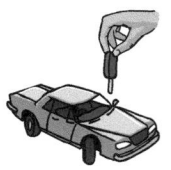

fiara fanofa

租車

zara fiara

拼車

fiara etsy babeko

拖車

fiara mpitatitra fako

垃圾車

môtera

馬達

solika

汽油

tobin-tsolika

加油站

tondro fifamoivoizana

交通標識

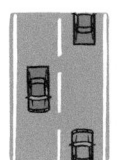

fifamoivoizana

交通

fitohanan'ny fifamoivoizana

交通堵塞

fitobian'ny fiara

停車場

fiantsonan'ny fiaran-
dalamby

火車站

lalamby

軌道

fiaran-dalamby

火車

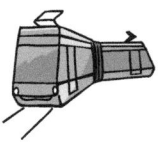

tramway

路面電車

kalesy

客車廂

angidimby

直升機

seranam-piaramanidina

機場

tilikambo

塔

mpandeha

乘客

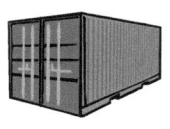

kaontenera

集裝箱

baoritra

紙板箱

chariot

手推車

harona

籃子

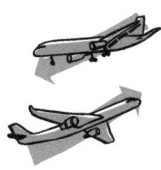

miainga / midina

起飛/降落

renivohitra

城市

ambanivohitra

村莊

afovoan-tanàna

市中心

trano

房子

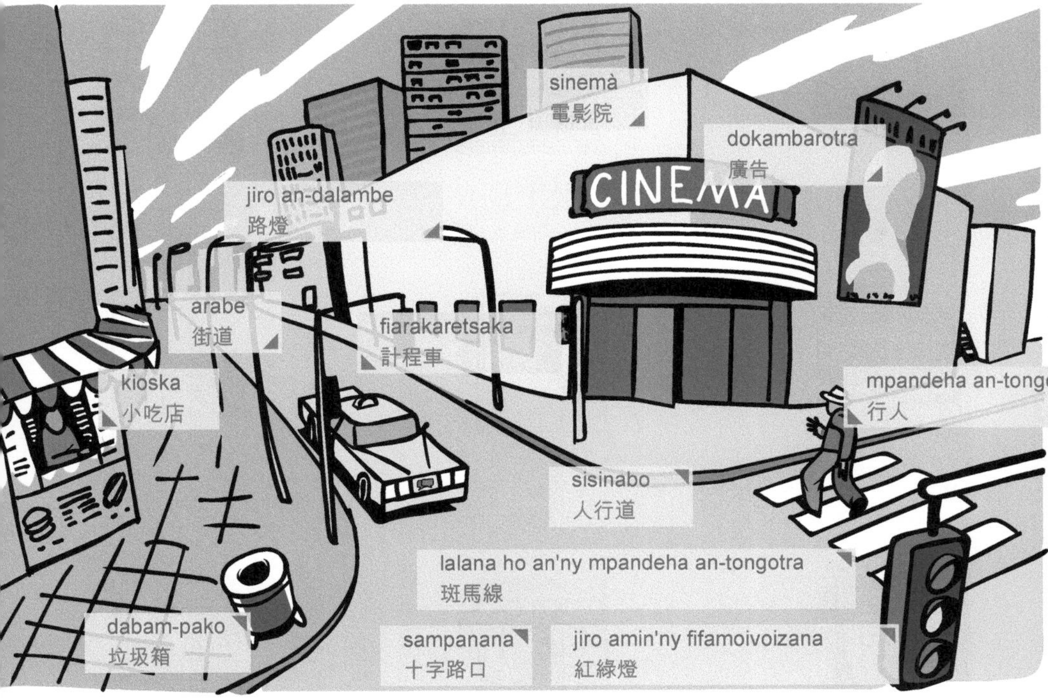

sinemà
電影院
dokambarotra
廣告
CINEMA
jiro an-dalambe
路燈
arabe
街道
fiarakaretsaka
計程車
kioska
小吃店
mpandeha an-tongo
行人
sisinabo
人行道
lalana ho an'ny mpandeha an-tongotra
斑馬線
dabam-pako
垃圾箱
sampanana
十字路口
jiro amin'ny fifamoivoizana
紅綠燈

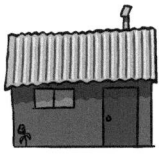

trano bongo

小屋

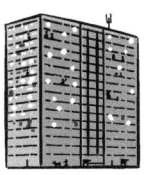

tranobe

公寓

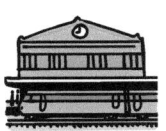

fiantsonan'ny fiaran-dalamby

火車站

firaisana

市政廳

MUSEUM

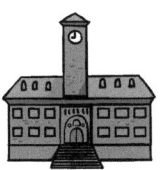

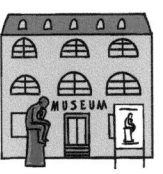

donia

博物館

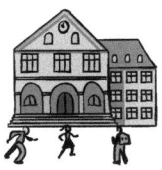

sekoly

學校

oniversite

大學

banky

銀行

hopitaly

醫院

hôtely

飯店

farmasia

藥房

birao

辦公室

fivarotam-boky

書店

fivarotana

商店

mpivarotra voninkazo

花店

supermarché

超市

tsena

市場

tranobe fivarotana

百貨商店

mpivarotra trondro

魚店

toeram-pivarotana lehibe

購物中心

seranana

海港

valan-javaboary

公園

latabatra

長凳

tetezana

橋

totohatra

樓梯

metrô

捷運

tonelina

隧道

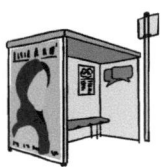

fiantsonan'ny fiara
mpitondra olona

公車站

bara

酒吧

toeram-pisakafoanana

餐館

boatin-taratasy paositra

郵筒

famantarana an-arabe

路標

parcmètre

停車計時器

valan-javaboary

動物園

dobo filomanosana

游泳池

moskea

清真寺

toeram-pambolena
....
農場

loto
....
污染

fasana
....
基地

trano fiangonana
....
教堂

tokontany filalaovana
....
操場

tempoly
....
寺廟

endritany

地形

ravina
樹葉

tondro famantarana
指示牌

làlana
路

kijana
草地

vato
石頭

hazo
樹

mpihani-bohitra
徒步旅行者

renirano
河

bozaka
草

voninkazo
花

lemaka

峽谷

vohitra

丘陵

laka

湖

ala

森林

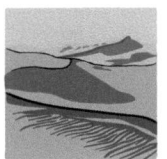

tany hay

沙漠

volkano

火山

rova

城堡

avana

彩虹

holatra

蘑菇

hazom-boanio

棕櫚樹

moka

蚊子

lalitra

蒼蠅

vitsika

螞蟻

tantely

蜜蜂

hala

蜘蛛

voangory

甲蟲

sahona

青蛙

vontsira

松鼠

trandraka

刺蝟

bitro

野兔

vorondolo

貓頭鷹

vorona

鳥

gisabe

天鵝

lambo

野豬

cerf

鹿

voalavo

麋鹿

toha-drano

水壩

helisy ahodin-drivotra

風力發電機

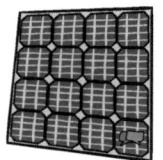

takela-masoandro

太陽能電池板

toetr'andro

氣候

mpandroso sakafo
服務生

menu
菜譜

seza
椅子

lasopy
湯

pizza
披薩餅

fitaovam-pihinanana
餐具

lamban-databatra
桌布

entrée

前菜

sakafo fototra

主菜

desera

甜點

zava-pisotro

飲料

sakafo

食物

tavoahangy

瓶子

fast food

速食

sakafo an-dalambe

街邊小吃

fitoerana dite

茶壺

fitoeran-tsiramamy

糖盒

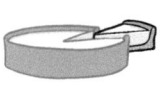

singany

一份飯菜

milina espresso

義式咖啡機

seza avo

高腳椅

faktiora

帳單

lovia fandrosoana sakafo

托盤

antsy

刀

sotrorovitra

餐叉

sotro

勺子

sotrokely

茶匙

servieta

餐巾

vera

玻璃杯

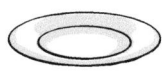

vilia

碟子

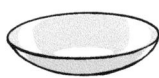

vilian-dasopy

湯盤

vilia bory

碟子

saosy

醬

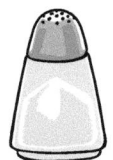

fitoeran-tsira

鹽瓶

milina dipoavatra

胡椒研磨罐

vinaingitra

醋

solika

食用油

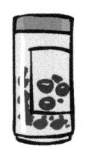

zava-manitra

調味料

ketchup

番茄醬

voan-tsinapy

芥末

maionezy

美乃滋

supermarché
超市

fihenam-bidy
特價
FOR
mpividy
顧客
sakafo avy amin'ny ronono
乳製品
voankazo
水果
chariot
購物車

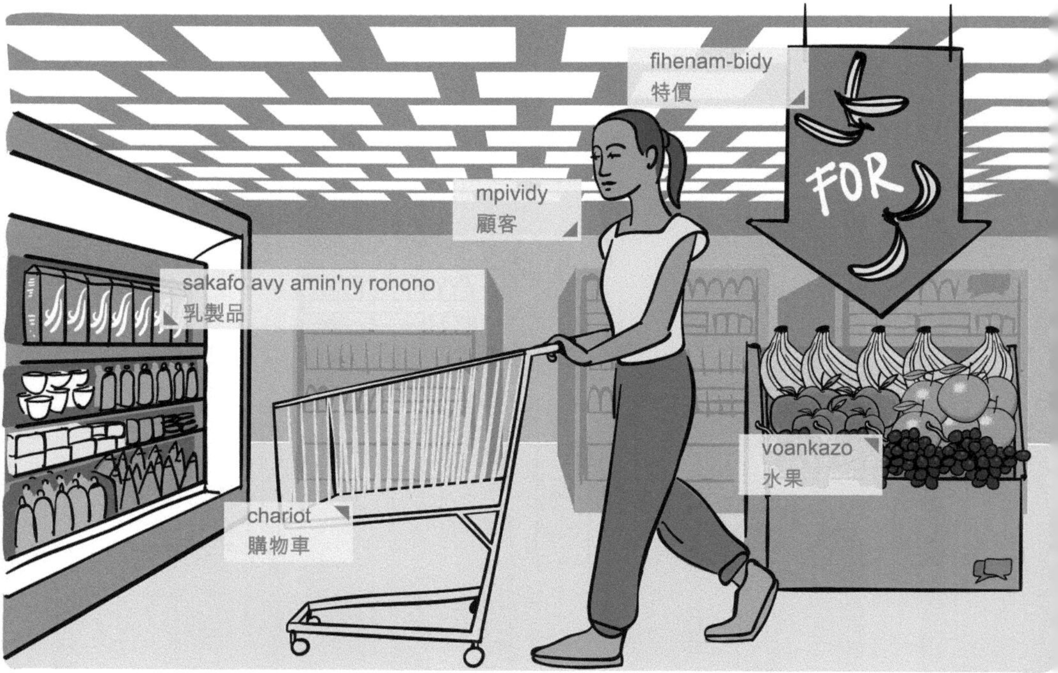

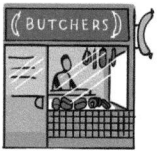

BUTCHERS

mpivaro-kena
肉鋪

BAKERY

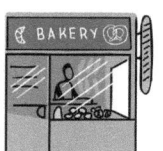

mpivarotra mofo
麵包店

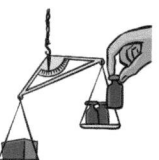

mandanja
稱重

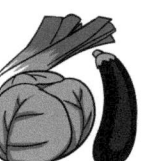

legioma
蔬菜

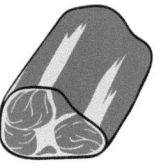

hena
肉

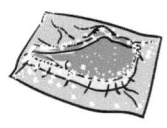

sakafo nampangatsiahana
冷凍食品

hena voahendy

冷盤

sakafo am-by fotsy

罐頭食品

vovon-tsavony

洗衣粉

vatomamy

甜食

fitaovana an-tokatrano

日用品

fitaovana fanadiovana

清潔用品

mpivarotra

銷售員

toerana fandoavam-bola

收銀機

mpandray vola

收銀員

lisitry ny zavatra vidiana

購物清單

ora fiasana

開放時間

portefeuille

錢包

fahana amin'ny karatra

信用卡

harona

袋子

harona plastika

塑膠袋

rano

水

ranom-boankazo

果汁

ronono

牛奶

coca

可樂

divay

紅酒

labiera

啤酒

toaka

酒

sôkôlà mafana

可可

dite

茶

kafe

咖啡

espresso

義式濃縮咖啡

cappuccino

卡布奇諾

akondro

香蕉

paoma

蘋果

laoranjy

柳丁

voatango

西瓜

voasarimakirana

檸檬

karaoty

胡蘿蔔

tongolo gasy

大蒜

volobe

竹子

tongolo

洋蔥

holatra

蘑菇

voamaina

堅果

paty

麵條

spaghetti

義大利麵

vary

米飯

salady

沙拉

ovy frity

薯條

ovy voaendy

炸馬鈴薯

pizza

披薩餅

hamburger

漢堡

sandwich

三明治

didin-kena

炸豬排

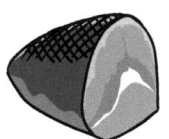

lambo sira

火腿

salami

義大利臘腸

saosisy

香腸

akoho

雞肉

hena mendy

烤肉

trondro

魚

varin-tsoavaly

燕麥片

muesli

木斯里

cornflakes

玉米片

lafarinina

麵粉

croissant

牛角麵包

mofodipaina kely

麵包捲

mofo

麵包

mofo natono

吐司

bisky

餅乾

dobera

奶油

fromazy fotsy

凝乳

mofomamy

蛋糕

atody

蛋

atody nendasina

煎蛋

fromazy

起司

lagilasy
冰淇淋

siramamy
糖

tantely
蜂蜜

kaonfitira
果醬

crème nougat
巧克力醬

curry
咖哩

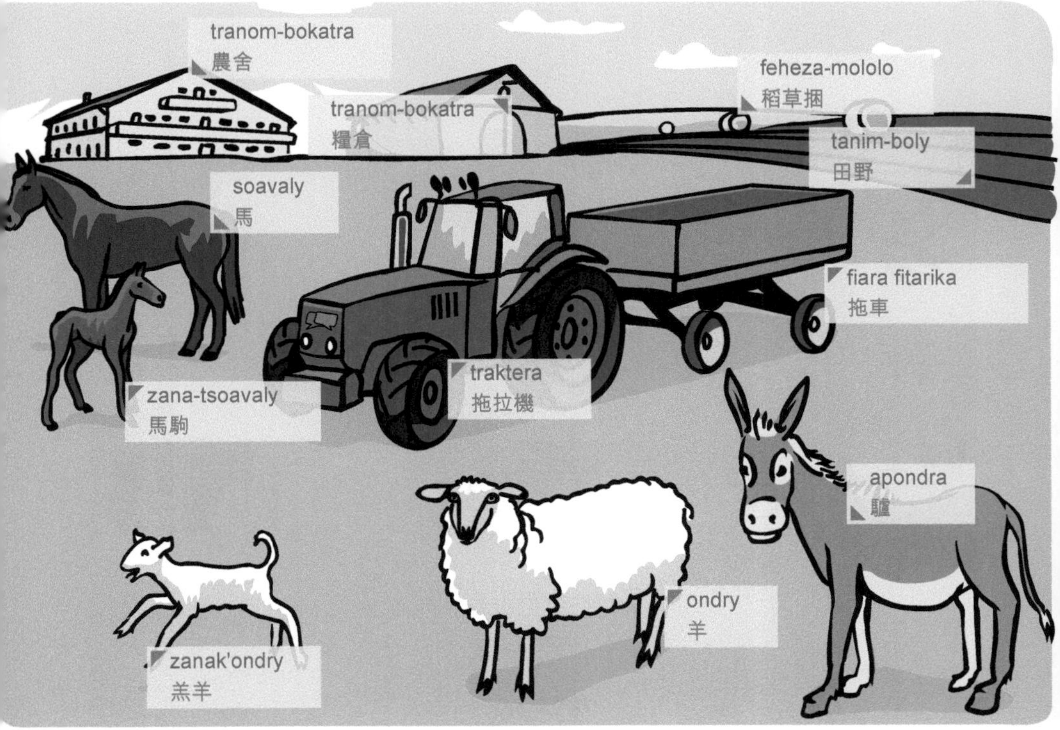

tranom-bokatra
農舍

tranom-bokatra
糧倉

feheza-mololo
稻草捆

tanim-boly
田野

soavaly
馬

fiara fitarika
拖車

zana-tsoavaly
馬駒

traktera
拖拉機

apondra
驢

ondry
羊

zanak'ondry
羔羊

osy

山羊

omby vavy

奶牛

omby

小牛

kisoa

豬

zana-kisoa

小豬

omby

公牛

gisa

鵝

gana

鴨

zanak'akoho

小雞

akoho vavy

母雞

akoho lahy

公雞

voalavo

鼠

saka

貓

voalavo tondro

老鼠

omby

牛

alika

狗

tranon'alika

狗屋

fantsona fanondrahana rano

花園澆水軟管

fanondrahana

澆水壺

antsy biloka

長柄大鐮刀

angadin'omby

犁

antsim-bilona

鐮刀

antsetra

鋤頭

farango vy

長柄草耙

famaky

斧頭

borety

獨輪手推車

dababe

飼料槽

boatin-dronono

牛奶罐

harona

麻布袋

fefy

柵欄

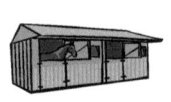

tranom-biby

馬廄

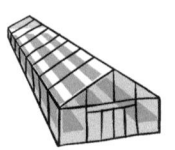

talatalan-jaridaina

溫室

tany

土壤

ambeoka

種子

zezika

肥料

milina mpijinja vokatra

聯合收割機

vokatra

收割

vokatra

收割

saonjo

地瓜

varimbazaha

小麥

saozaha

大豆

ovy

土豆

katsaka

玉米

colza

油菜籽

hazo fihinam-boa

果樹

mangahazo

樹薯

voamadinika

穀物

trano
房子

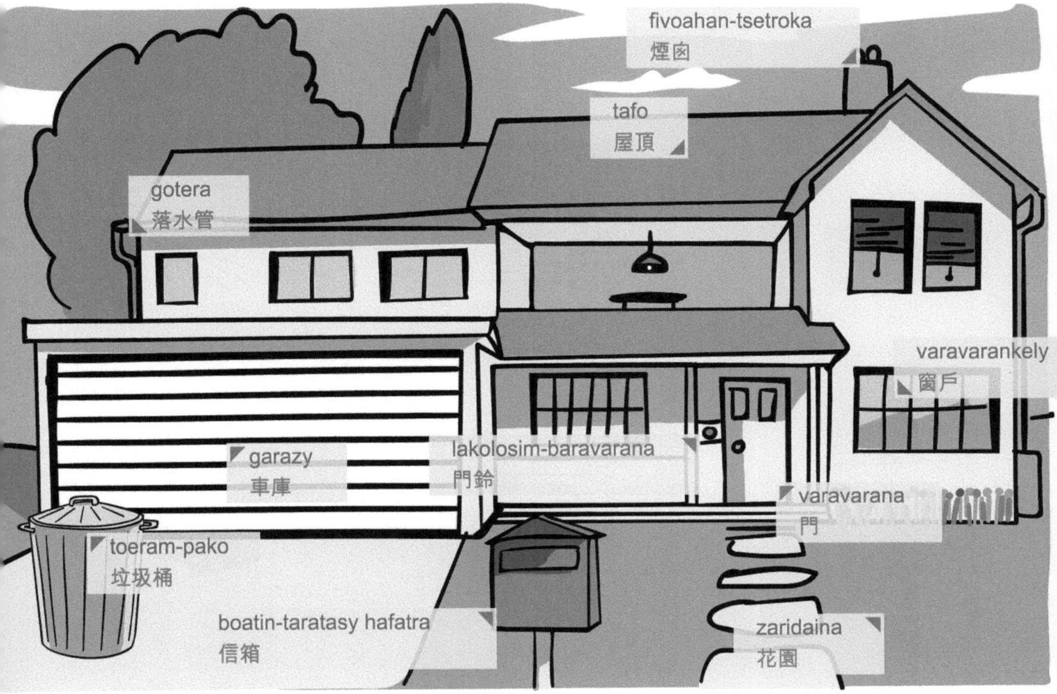
fivoahan-tsetroka
煙囪
tafo
屋頂
gotera
落水管
varavarankely
窗戶
garazy
車庫
lakolosim-baravarana
門鈴
varavarana
門
toeram-pako
垃圾桶
boatin-taratasy hafatra
信箱
zaridaina
花園

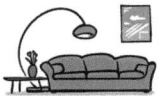

efitra fandraisam-bahiny

客廳

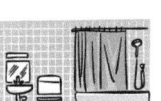

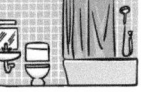

efitra fandroana

浴室

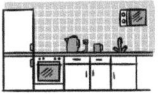

lakozia

廚房

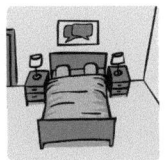

efitra fatoriana

臥室

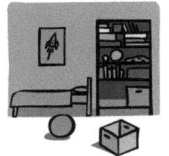

efitranon'ny ankizy

兒童房

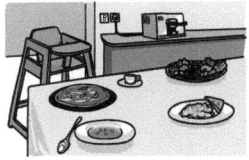

efi-trano fisakafoanana

餐廳

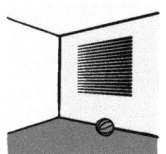

tany

地板

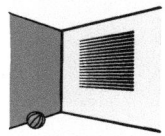

rindrina

牆壁

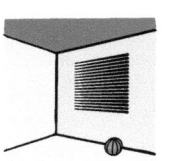

valindrihana

天花板

lakavy

地窖

sauna

三溫暖

tsimahalavo

陽臺

lavarangana

露臺

dobo filomanosana

游泳池

mpanapaka bozaka

割草機

lambam-pandriana

被單

koety

床罩

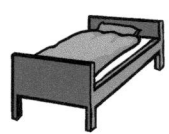

fandriana

床

kifafa

掃帚

sô

水桶

interrupteur

開關

efitra fandraisam-bahiny

客廳

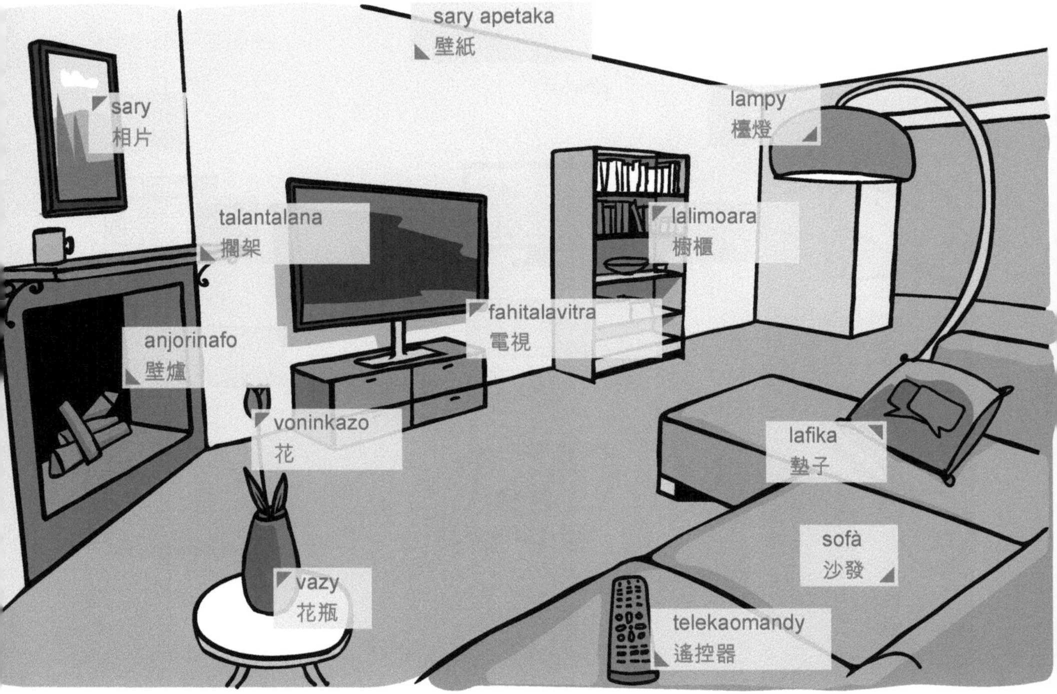

sary apetaka
壁紙
sary
相片
lampy
檯燈
talantalana
擱架
lalimoara
櫥櫃
fahitalavitra
電視
anjorinafo
壁爐
voninkazo
花
lafika
墊子
sofà
沙發
vazy
花瓶
telekaomandy
遙控器

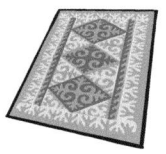

tapis

地毯

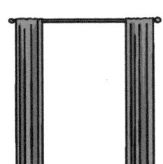

takom-baravarana

窗簾

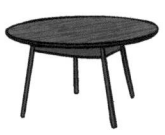

latabatra

餐桌

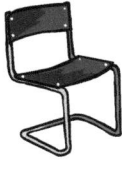

seza

椅子

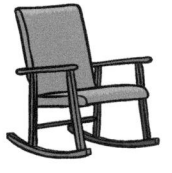

seza savily

搖椅

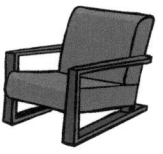

seza mihaja

扶手椅

boky

書

lamba firakotra

毯子

asa fandravahana

裝飾品

hazo fandrehitra

木柴

horonantsary

電影

fitaovana hi-fi

高傳真音響

fanalahidy

鑰匙

gazety

報紙

loko

油畫

sary famantarana

海報

radio

收音機

kahie fanao tadidy

筆記本

aspiratera

吸塵器

raketa

仙人掌

labozia

蠟燭

lakozia
廚房

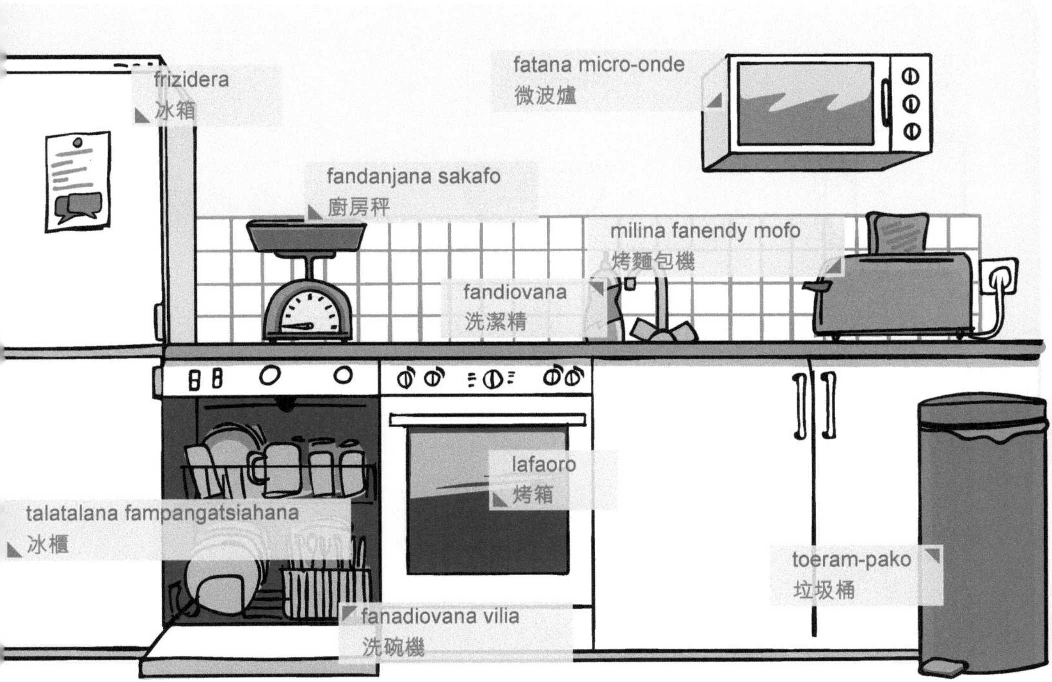
frizidera
冰箱
fatana micro-onde
微波爐
fandanjana sakafo
廚房秤
milina fanendy mofo
烤麵包機
fandiovana
洗潔精
lafaoro
烤箱
talatalana fampangatsiahana
冰櫃
toeram-pako
垃圾桶
fanadiovana vilia
洗碗機

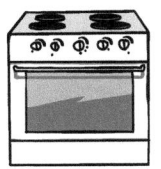

lafaoro

炊具

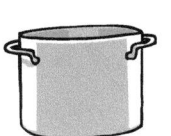

vilany

鍋

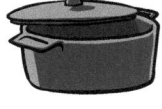

vilany vy

鑄鐵鍋

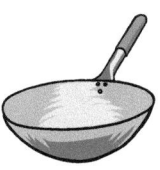

wok / kadai

炒鍋

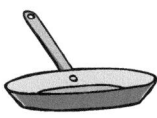

lapoaly

平底鍋

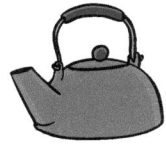

fitaovana fampangotrahana rano

水壺

vilany mandeha entona

蒸鍋

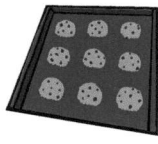

lovia fisaka

烤盤

fitaovan-dakozia

陶瓷鍋

zinga

馬克杯

vilia baolina

碗

hazokely fihinanana

筷子

sotrobe lavatango

長柄勺

spatule

鏟子

fanakapohana atody

攪拌器

fanatantavanana

濾網

lovia sivana

篩子

fanakikisana

磨碎機

laona

研缽

kiendiendy

燒烤

fivoahan'ny setroka

明火

akalana fitetehana

菜板

kodia fandamàna koba

擀麵杖

fisontonana bosoa

開瓶器

boaty

罐子

fanokafana boaty

開罐器

fitazomana vilany

隔熱手套

lavabô

水槽

borosy

刷子

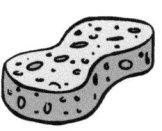

spaonjy

海綿

miksera

攪拌機

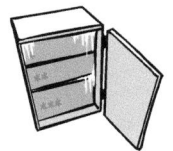

fitaovana fampangatsiahana

冷藏箱

tavoahanginono

奶瓶

paompy

水龍頭

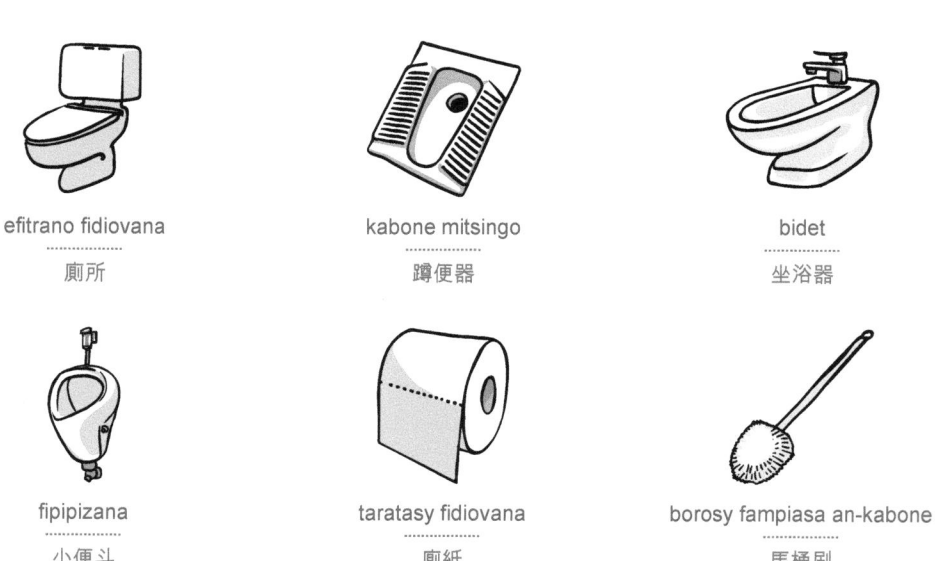

efitra fandroana

浴室

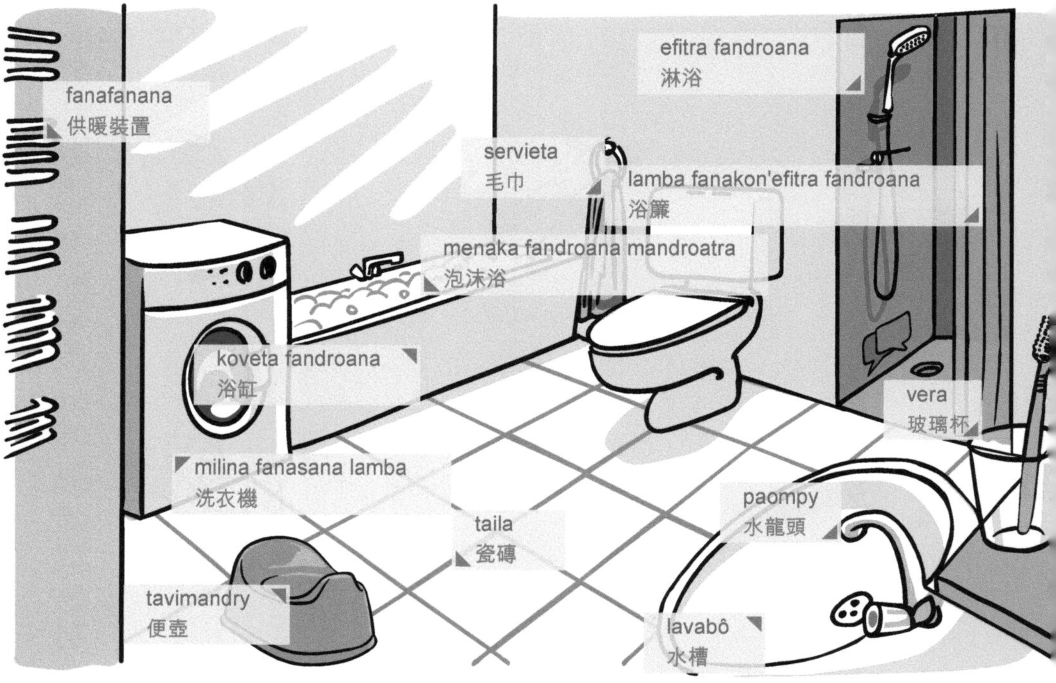

efitra fandroana
淋浴
fanafanana
供暖裝置
servieta
毛巾
lamba fanakon'efitra fandroana
浴簾
menaka fandroana mandroatra
泡沫浴
koveta fandroana
浴缸
vera
玻璃杯
milina fanasana lamba
洗衣機
paompy
水龍頭
taila
瓷磚
tavimandry
便壺
lavabô
水槽

efitrano fidiovana

....

廁所

kabone mitsingo

....

蹲便器

bidet

....

坐浴器

fipipizana

....

小便斗

taratasy fidiovana

....

廁紙

borosy fampiasa an-kabone

....

馬桶刷

borosinify

牙刷

famotsia-nify

牙膏

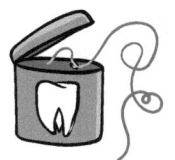

kofehy fanadiova-nify

牙線

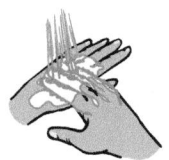

manasa

洗

fisaika enti-tànana

手持式蓮蓬頭

fanadiovana fivaviana

沖洗器

kovetabe

洗臉盆

borosin-damosina

洗背刷

savony

肥皂

gel fampiasa rehefa misaika

沐浴露

shampoo

洗髮乳

fonon-tànana enti-misaika

法蘭絨

tsiranoka

排水

crème fanosotra

乳霜

fanalana fofona

除臭劑

fitaratra

鏡子

fitaratra fihaingo

手鏡

hareza

刮鬍刀

raotra fiharatra

刮鬍泡沫

menaka haratra

鬚後水

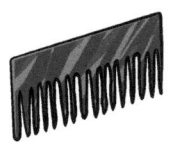

fiogo

梳子

borosy

刷子

fitaovana fanamainam-bolo

吹風機

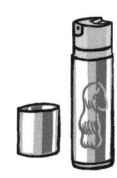

atsifotra amin'ny volo

噴髮定型劑

fikarakarana tarehy

化妝品

lokomena

唇膏

haingo hoho

指甲油

vohavohan-dandihazo

化妝棉

fanapahana hoho

指甲剪

ranomanitra

香水

fitoerana fitaovana an-
kabone

洗漱包

sezabory

凳子

fandanjana olona

計重秤

akanjo enti-matory

浴袍

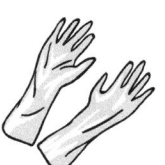

fonon-tànana enti-manadio

橡膠手套

servieta fanary

衛生棉條

lamba fampiasa amin'ny
fadimbolana

衛生棉

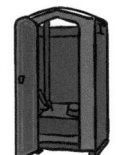

kabone simika

化學廁所

efitranon'ny ankizy

兒童房

famohamandry
鬧鐘
saribakoly
毛絨玩具
fiara kilalao
玩具車
korintsana
撥浪鼓
tranon-tsaribakoly
玩具屋
fanomezana
禮物

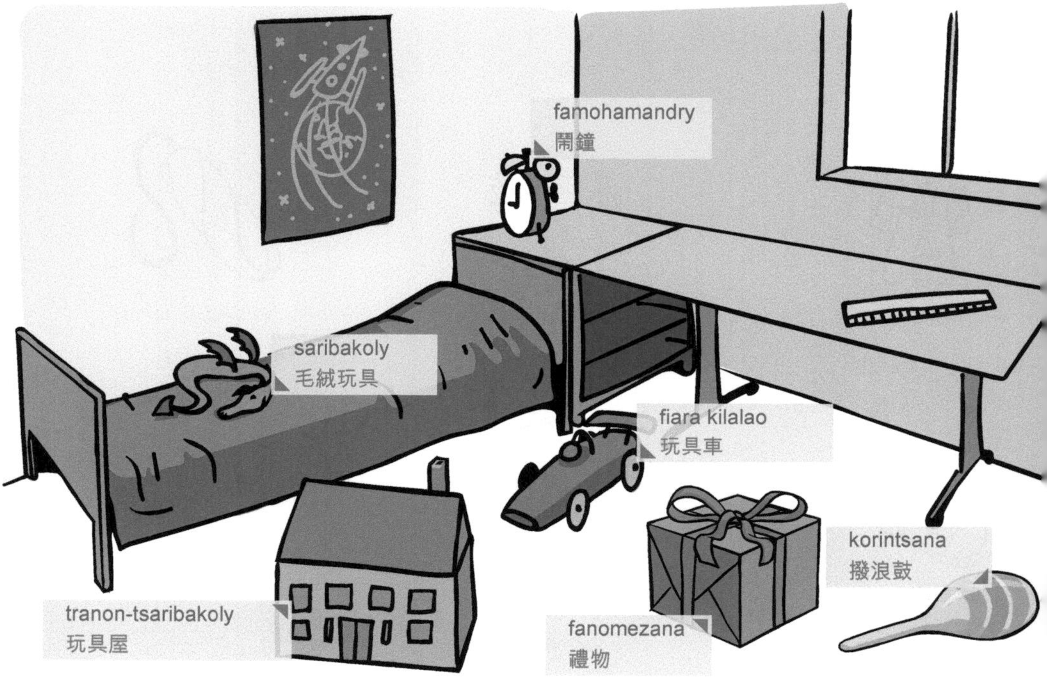

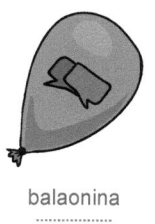

balaonina

氣球

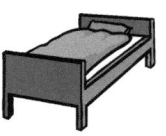

fandriana

床

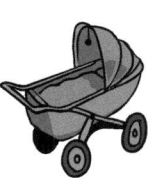

posety

嬰兒車

lalao karatra

撲克牌

puzzle

拼圖

SUPER MEGA

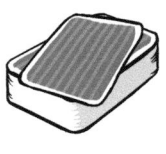

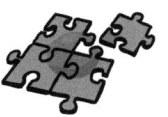

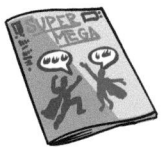

sariitatra

漫畫

lalao legô

樂高積木

kilalao fananganana trano

積木玩具

sarivongana kely

公仔

grenera

嬰兒服

Frisbee

飛盤

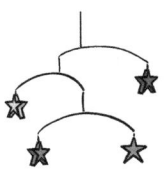

mobile

床鈴玩具

jeu de société

棋盤遊戲

kodiakely

骰子

lamasinina kely

火車模型

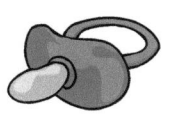

solonono

安撫奶嘴

fety

派對

boky feno sary

繪本

baolina

球

saribakoly

洋娃娃

milalao

玩

kovetam-pasika

沙坑

savily

鞦韆

kilalao

玩具

kilalao video

電玩遊戲

tricycle

三輪車

teddy orsa

泰迪熊

fitoeran'akanjo

衣櫃

akanjo

衣服

bà kiraro

襪子

bàn-tongotra

長襪

akanjo manara-batana

緊身褲

foloara
圍巾

fehin-kibo
皮帶

elo
雨傘

t-shirt
T恤

baoty
靴子

kapa fitondra an-trar
拖鞋

kiraro tenisy
運動鞋

kapa
涼鞋

kiraro
鞋

baoty fingotra
雨靴

atinakanjo
內褲

tatinono
胸罩

akanjo feno
背心

vatana

身體

pataloha

褲子

jean

牛仔褲

zipo

短裙

akanjo ambony

女式襯衫

lobaka

襯衫

pull

套頭衫

akanjo sarotro

連帽上衣

palitao

西裝夾克

palitao

夾克

palitao

外套

akanjo aro-orana

雨衣

akanjo fianjaika

套裝

fitafim-behivavy

連衣裙

akanjon'ny ampakarina

婚紗

akanjo fianjaika

西裝

akanjo-mandry

睡袍

pijamà

睡衣

sari

莎麗

sarondoha

頭巾

turban

包頭巾

burqa

波卡

kaftan

卡夫坦

abaya

(阿拉伯式)長袍

akanjo fitondra milomano

泳衣

akanjo fitondra milomano

男式泳褲

pataloha fohy

短褲

akanjo fitena

運動服

tablie

圍裙

fonon-tànana

手套

bokotra

鈕扣

solomaso

眼鏡

brasele

手鏈

rojo

項鍊

peratra

戒指

kavina

耳環

satroka

便帽

fanantonana palitao

衣架

satroka

帽子

fehivozo

領帶

hidikorisa

拉鍊

aroloha

安全帽

beritelo

背帶

fanamian'ny mpianatra

校服

fanamiana

制服

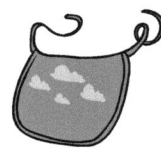

bavoara

圍兜

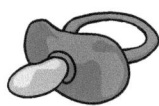

solonono

安撫奶嘴

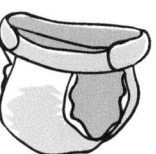

taty

尿布

birao
辦公室

serveur
伺服器
lalimoara fitahirizana
檔案櫃
mpanao pirinty
印表機
taratasy
紙
efijoro
螢幕
voalavo tondro
滑鼠
latabatra
辦公桌
klasera
資料夾
klavie
鍵盤
fanariana fako taratasy
廢紙簍
solosaina
電腦
seza
椅子

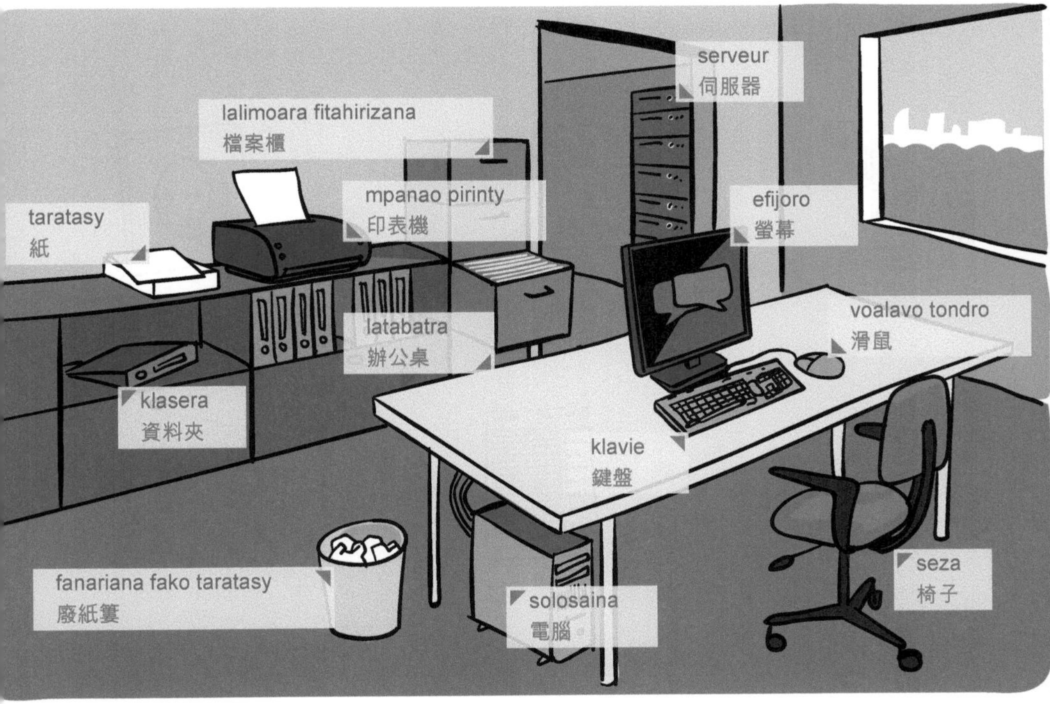

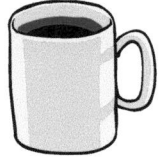

kaopin-kafe

咖啡杯

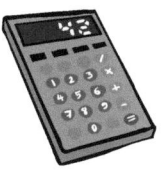

mpikajy

計算機

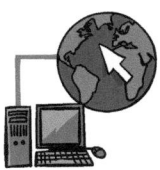

aterineto

網際網路

solosaina maivana

筆記型電腦

taratasy

信件

hafatra

簡訊

mobile

行動電話

tambajotra

網路

imprimante

影印機

rindrambaiko

軟體

finday

電話

prizy

插座

fax

傳真機

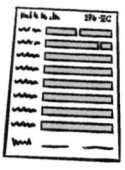

efitra fenoina

表格

fehezan-taratasy

檔案

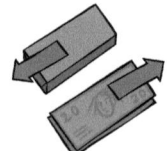

mividy

買

mandoa vola

付錢

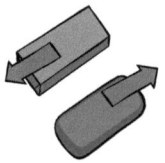

misera

交易

vola

現金

dôlara

美元

euro

歐元

yen

日元

rouble

盧布

Franc suisse

瑞士法郎

renminbi yuan

人民幣

roupie

盧比

fangalàna vola

提款處

toerana fanakalozana vola

外幣兌換處

volamena

金

volafotsy

銀

solika

石油

angovo

能源

vidiny

價格

fifanekena

合約

hetra

稅金

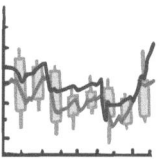

action borsa

股票

miasa

工作

mpiasa

職員

mpampiasa

老闆

orinasa

工廠

fivarotana

商店

mpitandro filaminana
警官

mpamonjy voina
消防員

mahandro
廚師

dokotera
醫師

mpanamory
飛行員

mpikarakara zaridaina

園丁

mpandrafitra

木匠

vehivavy mpanjaitra

裁縫

mpitsara

法官

mpahay simia

化學家

mpilalao sarimihetsika

演員

mpamily fiara fitateram-
bahoaka

公車司機

mpamily fiarakaretsaka

計程車司機

mpanjono

漁夫

vehivavy mpanadio

清洗女工

mpanao tafo

屋頂工

mpandroso sakafo

服務生

mpihaza

獵人

mpandoko

畫家

mpanao mofo

麵包師

elektrisianina

電工

mpanao trano

建築工人

injeniera

工程師

mivaro-kena

屠夫

plombier

水管工

faktera

郵差

miaramila

士兵

mpanao mari-trano

建築師

mpandray vola

收銀員

mpivarotra voninkazo

花農

mpanao volo

理髮師

mpizara tapakila

售票員

mpahay mekanika

機械技師

kapiteny

船長

mpitsabo nify

牙醫

siantifika

科學家

raby

拉比

imam

伊瑪目

moanina

和尚

pretra

牧師

fitaovana
工具

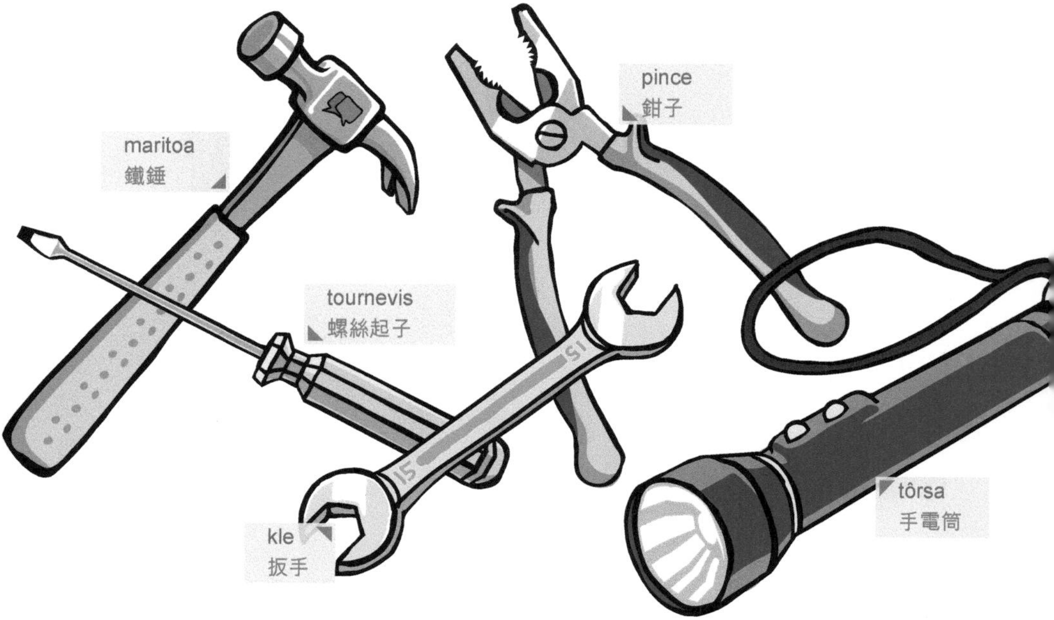
maritoa
鐵錘
pince
鉗子
tournevis
螺絲起子
kle
扳手
tôrsa
手電筒

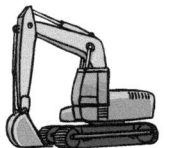

pelleteuse
挖掘機

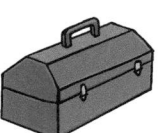

boaty fanisy fitaovana
工具箱

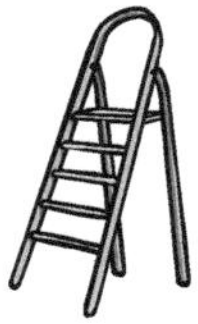
tohatra
梯子

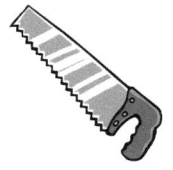

tsofa
鋸子

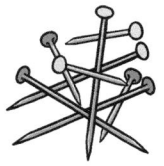

fantsika
釘子

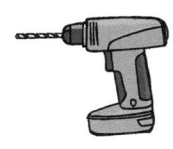

perceuse
鑽機

manarina

修

lapela

鏟子

Kyy!

糟糕！

angadim-pako

畚箕

boatin-doko

油漆桶

visy

螺絲

zava-maneno
樂器

vata maro anaka
打擊樂器

haut-parleur
揚聲器

gitara
吉他

contrebasse
低音提琴

trompetra
小號

vata maro afitsoka

鋼琴

lokanga

小提琴

basse

貝斯

amponga timpani

定音鼓

aponga

鼓

klavie

電子琴

saksa

薩克斯風

sodina

長笛

mikrao

麥克風

valan-javaboary

動物園

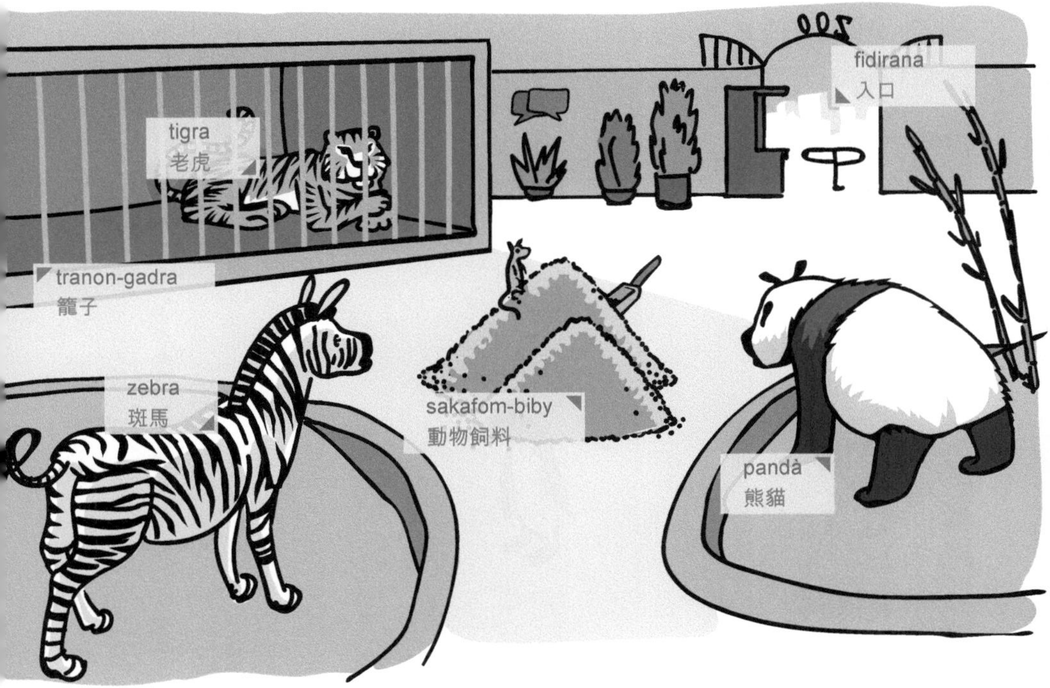

zoo
fidirana
入口
tigra
老虎
tranon-gadra
籠子
zebra
斑馬
sakafom-biby
動物飼料
pandà
熊貓

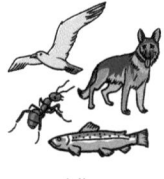

biby

動物

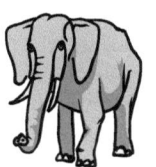

elefanta

大象

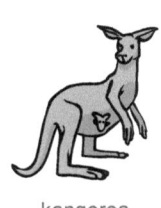

kangoroa

袋鼠

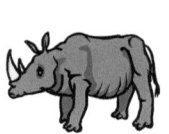

rinôserôsy

犀牛

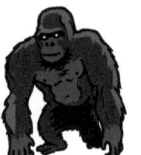

gôrila

大猩猩

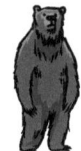

orsa

熊

rameva

駱駝

aotrisy

鴕鳥

liona

獅子

rajako

猴子

sama

紅鶴

boloky

鸚鵡

orsa polera

北極熊

pengoa

企鵝

atsantsa

鯊魚

vorombola

孔雀

bibilava

蛇

voay

鱷魚

mpiandry valan-javaboary

動物園管理員

fôko

海豹

jagoara

美洲豹

60   valan-javaboary - 動物園

poney

矮種馬

leopara

豹

hipôpôtamo

河馬

zirafa

長頸鹿

voromahery

老鷹

lambo

野豬

trondro

魚

sokatra

龜

môrsa

海象

renard

狐狸

gazely

羚羊

Football amerikana
橄欖球

hazakazaka am-bisikileta
騎腳踏車

tennis
網球

baskety
籃球

lomano
游泳

boxe
拳擊

hockey an-dranomandry
冰球

baolina kitra

美式足球

badminton

羽毛球

atletisma

田徑

handball

手球

ski

滑雪

polo

馬球

mihomehy
笑

nitsambikina
兆

mamihina
擁抱

mandeha
走路

mihira
唱

manonofy
做夢

mivavaka
祈禱

manoroka
親吻

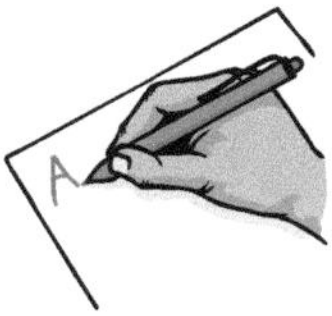

manoratra

書寫

m'anao sary

畫

maneho

展示

manosika

推

manome

給

mandray

拿

manana

有

manao

做

mizovy

當

mijoro

站

mihazakazaka

跑

misintona

拉

manary

丟

lavo

摔倒

mandry

躺

miandry

等待

mitondra

攜帶

mipetraka

坐

miakanjo

穿衣

matory

睡覺

mifoha

醒來

mijery

看

mitomany

哭

fahatapahan'ny lalan-dra

擊

fiogo

梳頭

miresaka

交談

mahay

明白

milaza

問

mihaino

聽

misotro

喝

mihinana

吃

mandamina

清理

mitia

愛

mahandro

做飯

mamily

開車

lalitra

飛

miandriaka

航行

mikajy

計算

mamaky

讀

mianatra

學習

miasa

工作

mivady

結婚

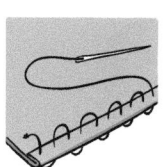

manjaitra

縫

miborosy nify

刷牙

mamono

殺

mifoka

抽菸

mandefa

寄

fianakaviana
家

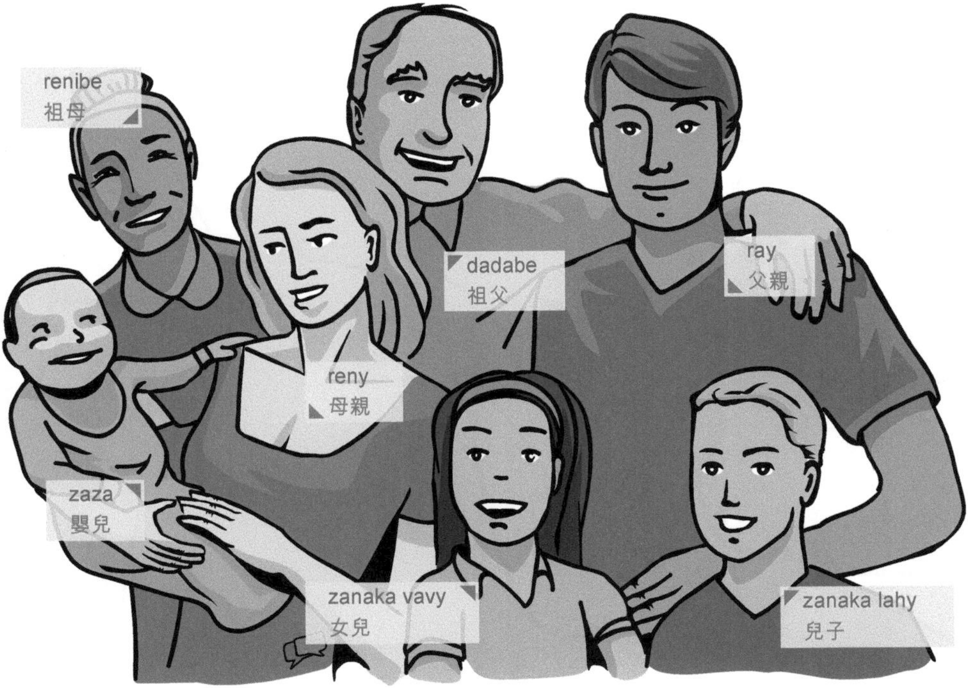
renibe
祖母
dadabe
祖父
ray
父親
reny
母親
zaza
嬰兒
zanaka vavy
女兒
zanaka lahy
兒子

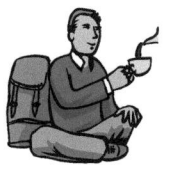

vahiny
客人

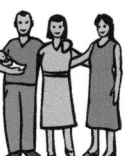

nenitoa
阿姨

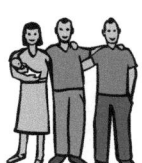

dadatoa
叔叔

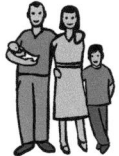

rahalahy
兄弟

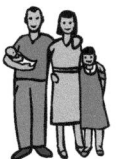

rahavavy
姐妹

vatana

身體

handrina
前額
maso
眼睛
soroka
肩膀
rantsan-tànana
手指
tarehy
臉
saoka
下巴
tànana
手
nono
乳房
ranjo
腿
sandry
手臂

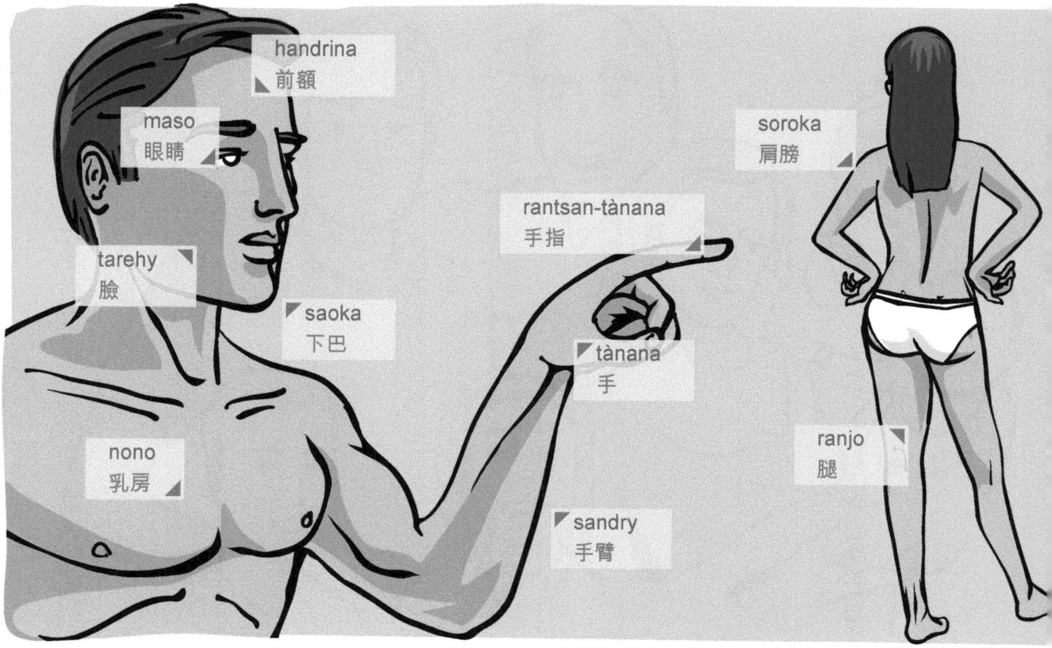

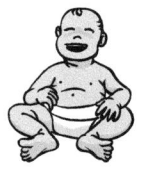

zaza

嬰兒

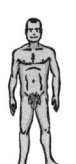

lehilahy

男人

vehivavy

女人

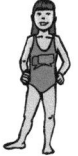

vavy

女孩

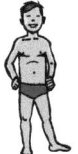

lahy

男孩

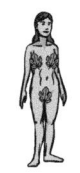

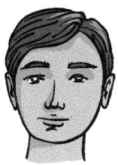

loha

頭

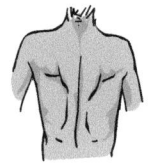

lamosina

背部

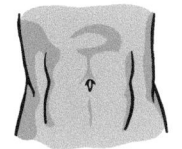

kibo

肚子

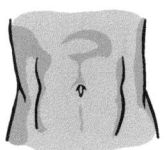

foitra

肚臍

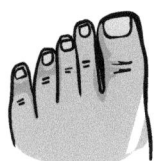

rantsan-tongotra

腳趾

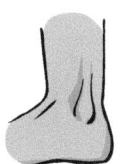

voditongotra

腳後跟

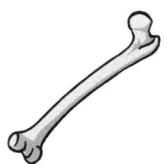

taolana

骨頭

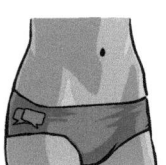

valahana

臀部

lohalika

膝蓋

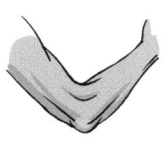

kiho

手肘

orona

鼻子

vody

屁股

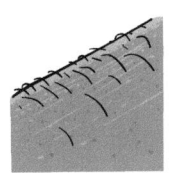

hoditra

皮膚

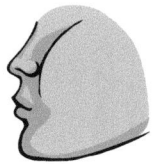

takolaka

臉頰

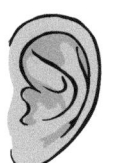

sofina

耳朵

molotra

嘴唇

vava

嘴

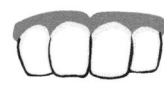

nify

牙齒

lela

舌頭

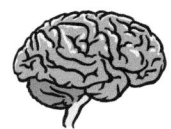

saina

腦

fo

心臟

ozatra

肌肉

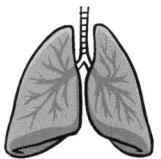

havokavoka

肺

aty

肝臟

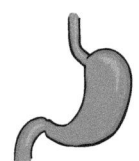

vavony

胃

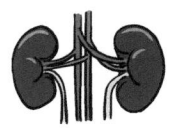

voa

腎臟

firaisana ara-nofo

性交

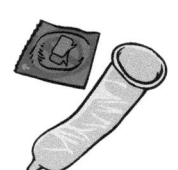

fimailo

保險套

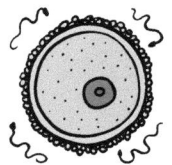

tsirivavy

卵子

ranonaina

精子

vohoka

懷孕

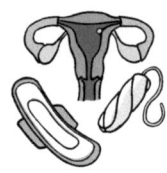

fadimbolana

月事

fivaviana

陰道

filahiana

陰莖

volomaso

眉毛

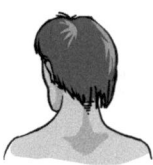

volo

頭髮

tenda

脖子

hopitaly

醫院

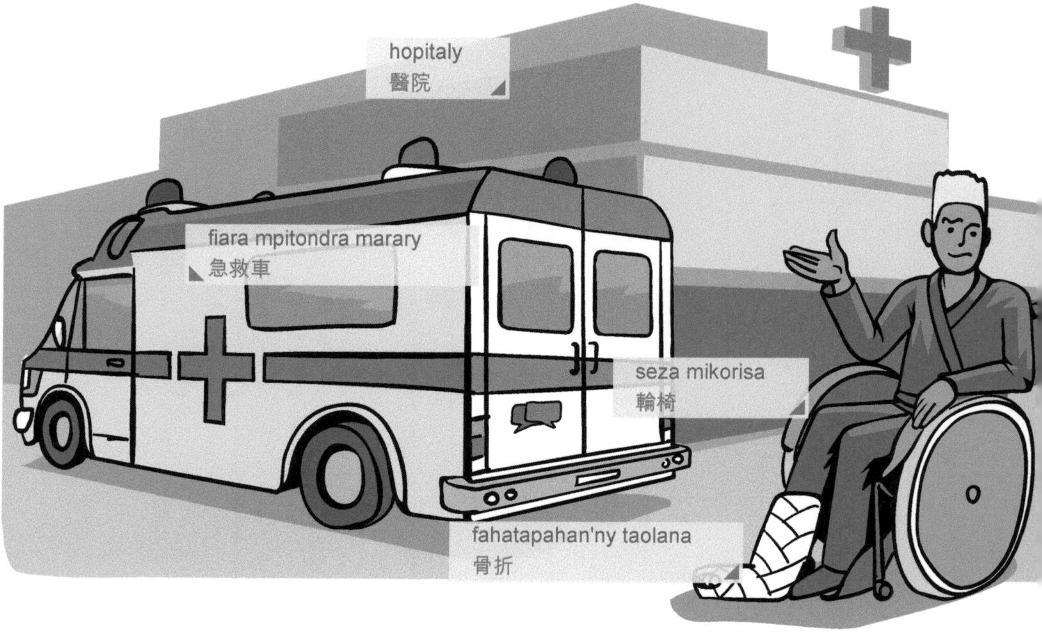

hopitaly
醫院
fiara mpitondra marary
急救車
seza mikorisa
輪椅
fahatapahan'ny taolana
骨折

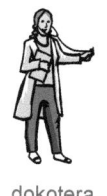

dokotera

醫師

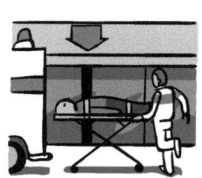

efitra vonjy taitra

急診室

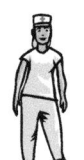

mpitsabo mpanampy

護理師

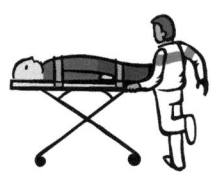

vonjy taitra

緊急情形

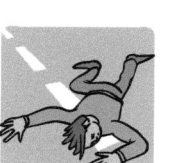

tsy mahatsiaro tena

昏迷

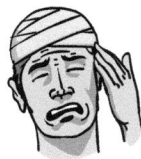

fanaintainana

痛

faharatràna

受傷

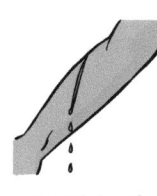

mandeha rà

出血

aretim-po

心臟病發作

fahatapahan'ny lalan-dra

中風

tsy fahazakana sakafo

過敏

kohaka

咳嗽

tazo

發燒

gripa

流感

fivalanana

腹瀉

aretin'an-doha

頭痛

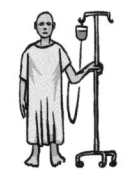

homamiadana

癌症

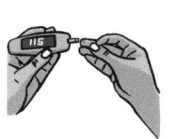

diabeta

糖尿病

dokotera mpandidy

外科醫師

antsy fandidiana

手術刀

fandidiana

手術

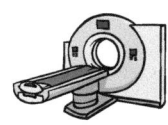

TC

電腦斷層掃描

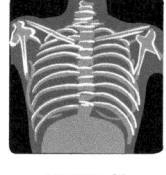

taratra X

X光

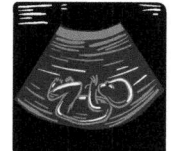

ekôgrafia

超音波

saron-tava

口罩

aretina

疾病

efitrano fiandrasana

候診室

tehina

拐杖

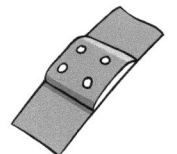

taha fery

石膏

bandy

繃帶

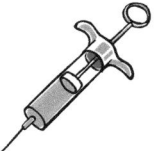

tsindrona

注射

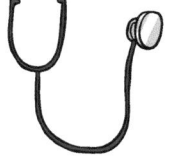

stetoskopy

聽診器

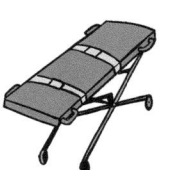

filanjana marary

擔架

fitaovana fitsapana
hafanana

體溫計

fahaterahana

出生

hatavezana tafahoatra

超重

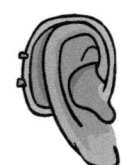

fitaovana fandrenesana

助聽器

famonoana mikraoba

消毒液

fifindràna aretina

感染

viriosy

病毒

VIH / SIDA

愛滋病

fitsaboana

藥物

vaksiny

接種疫苗

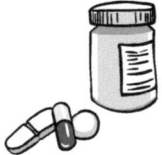

pilina

藥片

pilina

藥丸

antso vonjy taitra

急救電話

fitaovana fitsapana tosi-drà

血壓計

marary / salama

生病/健康

Vonjeo!

救命！

antso fanairana

警報

herisetra

突擊

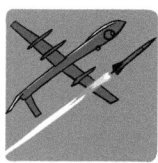

vono

攻擊

loza

危險

fivoahana raha misy loza

緊急出口

Afo!

失火了！

fitaovam-pamonoana afo

滅火器

loza

意外

fitaovam-pitsaboana
vonjimaika

急救箱

SOS

呼救訊號

pôlisy

員警

Eoropa

歐洲

Amerika avaratra

北美洲

Amerika atsimo

南美洲

Afrika

非洲

Azia

亞洲

Aostralia

澳洲

Atlantika

大西洋

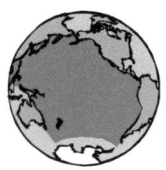

Pasifika

太平洋

Ranomasimbe Indiana

印度洋

Oseana Antarktika

南冰洋

Oseana Arktika

北冰洋

Tendrotany avaratra

北極

Tendrotany atsimo

南極

Antarktika

南極洲

tany

地球

tany

陸地

ranomasina

海

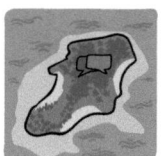

nosy

島

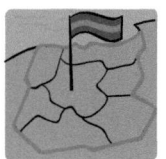

tanindrazana

國家

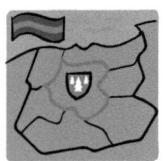

firenena

州

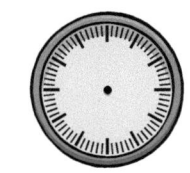

tavam-pamantaranandro

錶盤

tondro ora

時針

tondro minitra

分針

tondro segondra

秒針

Amin'ny firy izao?

現在幾點？

andro

天

fotoana

時間

izao

現在

famantaranandro niomerika

電子錶

minitra

分

ora

時

Alatsinainy
週一

Alarobia
週三

Zomà
週五

TU

Talata
週二

TH

Sabotsy
週六

SA

SO

Alakamisy
週四

Alahady
週日

omaly
昨天

androany
今天

ampitso
明天

maraina
早晨

atoandro
中午

hariva
晚上

adro fiasàna
工作日

faran'ny herinandro
週末

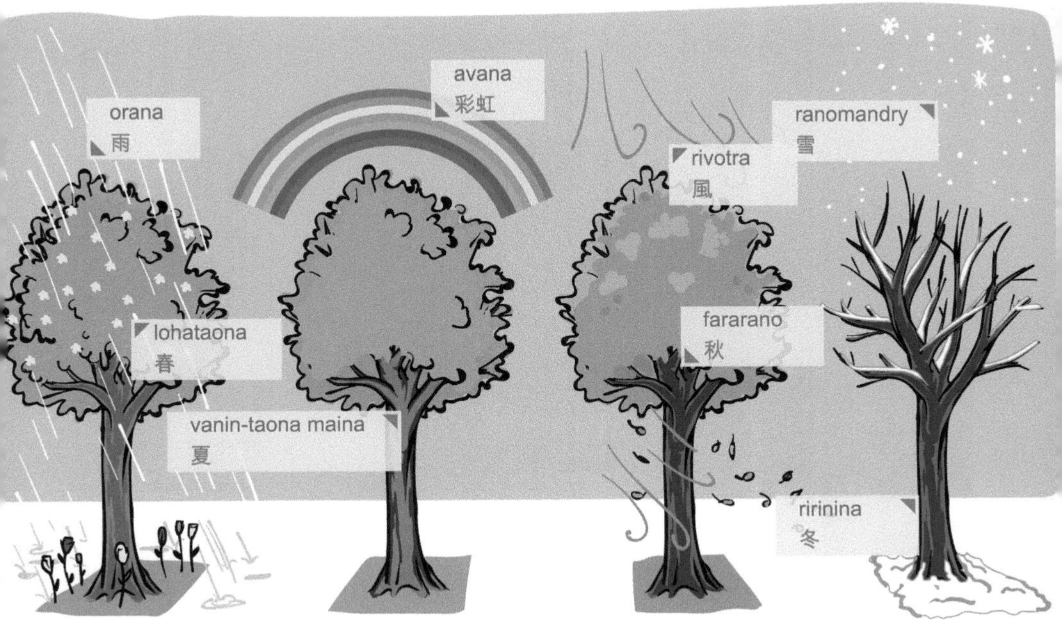

orana
雨

avana
彩虹

ranomandry
雪

rivotra
風

lohataona
春

fararano
秋

vanin-taona maina
夏

ririnina
冬

vinavina ara-toetrandro

天氣預告

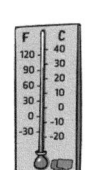

thermomètre

溫度計

tara-masoandro

陽光

rahona

雲

zavona

霧

hamandoana

潮濕

tselatra

閃電

kotroka

打雷

tafio-drivotra

風暴

havandra

冰雹

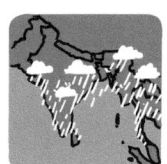

fahavaratra

季風

tondra-drano

洪水

vaingan-drano

冰

Janoary

一月

Febroary

二月

Martsa

三月

Avrila

四月

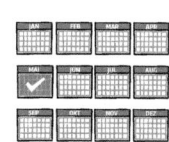

Mey

五月

Jiona

六月

Jolay

七月

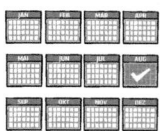

Aogositra

八月

Septambra
九月

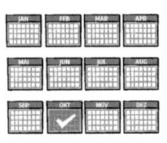

Oktobra
十月

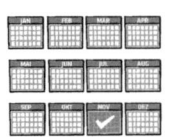

Novambra
十一月

Desambra
十二月

endrika
形狀

boribory
圓形

efamira
正方形

efajoro
長方形

telozoro
三角形

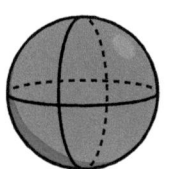

bola
球體

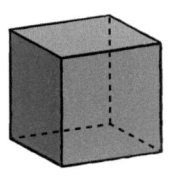

goba
立方體

fotsy

白

mavo

黃

laoranjy

橙

mavokely

粉

mena

紅

voloparasy

紫

manga

藍

maitso

綠

volotany

棕

volondavenona

灰

mainty

黑

betsaka / vitsy

很多/少許

tezitra / tony

生氣/平靜

tsara / ratsy

美/醜

fiandohana / fiafarana

首/尾

lehibe / kely

大/小

mazava / maloka

明/暗

rahalahy / rahavavy

兄弟/姐妹

madio / maloto

乾淨/骯髒

feno / banga

完整/缺失

andro / alina

白天/晚上

maty / velona

死/生

malalaka / tery

寬/窄

azo hanina / tsy fihinana

可食用/非食用

tsivalahara / tsara fanahy

邪惡/善良

endratra / sorena

興奮/無聊

matavy / mahia

胖/瘦

voalohany / farany

第一/最後

mpinamana / mpifahavalo

朋友/敵人

feno / foana

滿/空

mafy / malefaka

硬/軟

mavesatra / maivana

重/輕

noana / mangetaheta

餓/渴

marary / salama

生病/健康

tsy ara-dalàna / ara-dalàna

非法/合法

mahay / vendrana

聰明/愚笨

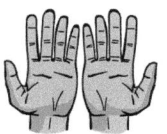

havia / havanana

左/右

akaiky / lavitra

近/遠

vaovao / tranainy

新/舊

tsy misy / misy

沒有/有些

antitra / tanora

老/幼

mandeha / maty

開/關

mivoha / mihidy

打開/闔上

mangina / mitabataba

安靜/吵鬧

manankarena / mahantra

富/窮

marina / diso

對/錯

marokoroko / malama

粗糙/光滑

malahelo / faly

傷心/高興

fohy / lava

短/長

mora / faingana

慢/快

mando / maina

濕/乾

mafana / mangatsiaka

溫暖/涼爽

ady / fahalemana

戰爭/和平

0

aotra

零

1

iray

一

2

roa

二

3

telo

三

4

efatra

四

5

dimy

五

6

enina

六

7

fito

七

8

valo

八

9

sivy

九

10

folo

十

11

iraikambinifolo

十一

12
roambinifolo
十二

13
teloambinifolo
十三

14
efatrambinifolo
十四

15
dimiambinifolo
十五

16
eninambinifolo
十六

17
fitoambinifolo
十七

18
valoambinifolo
十八

19
siviambinifolo
十九

20
roapolo
二十

100
zato
百

1.000
arivo
千

1.000.000
tapitrisa
百萬

Anglisy

英語

Anglisy amerikana

美式英語

Fiteny sinoa mandarina

普通話

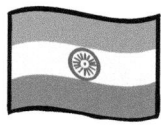

Hindi

印地語

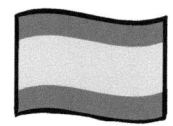

Espaniola

西班牙語

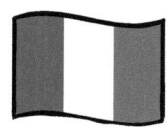

Frantsay

法語

Fiteny arabo

阿拉伯語

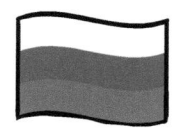

Fiteny rosiana

俄語

Portogey

葡萄牙語

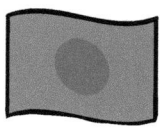

Bengaly

孟加拉語

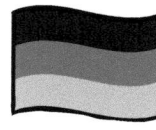

Alemà

德語

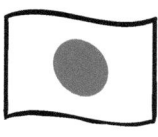

Japoney

日語

izaho

我

ianao

你

izy / io

他/她/它

isika

我們

ianao

你們

zareo

他們

iza?

誰？

inona?

什麼？

ahoana?

如何？

aiza?

何處？

oviana?

何時？

anarana

名字

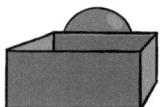

aorina

後面

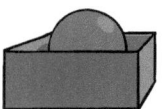

anaty

裡面

anoloana

前面

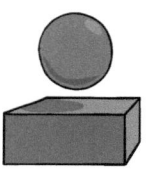

any

上方

ambony

上面

ambany

下麵

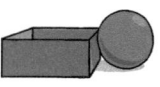

ankila

旁邊

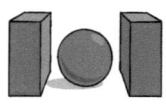

afovoany

中間

toerana

地點